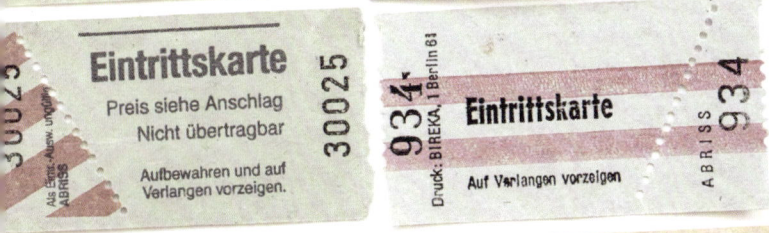

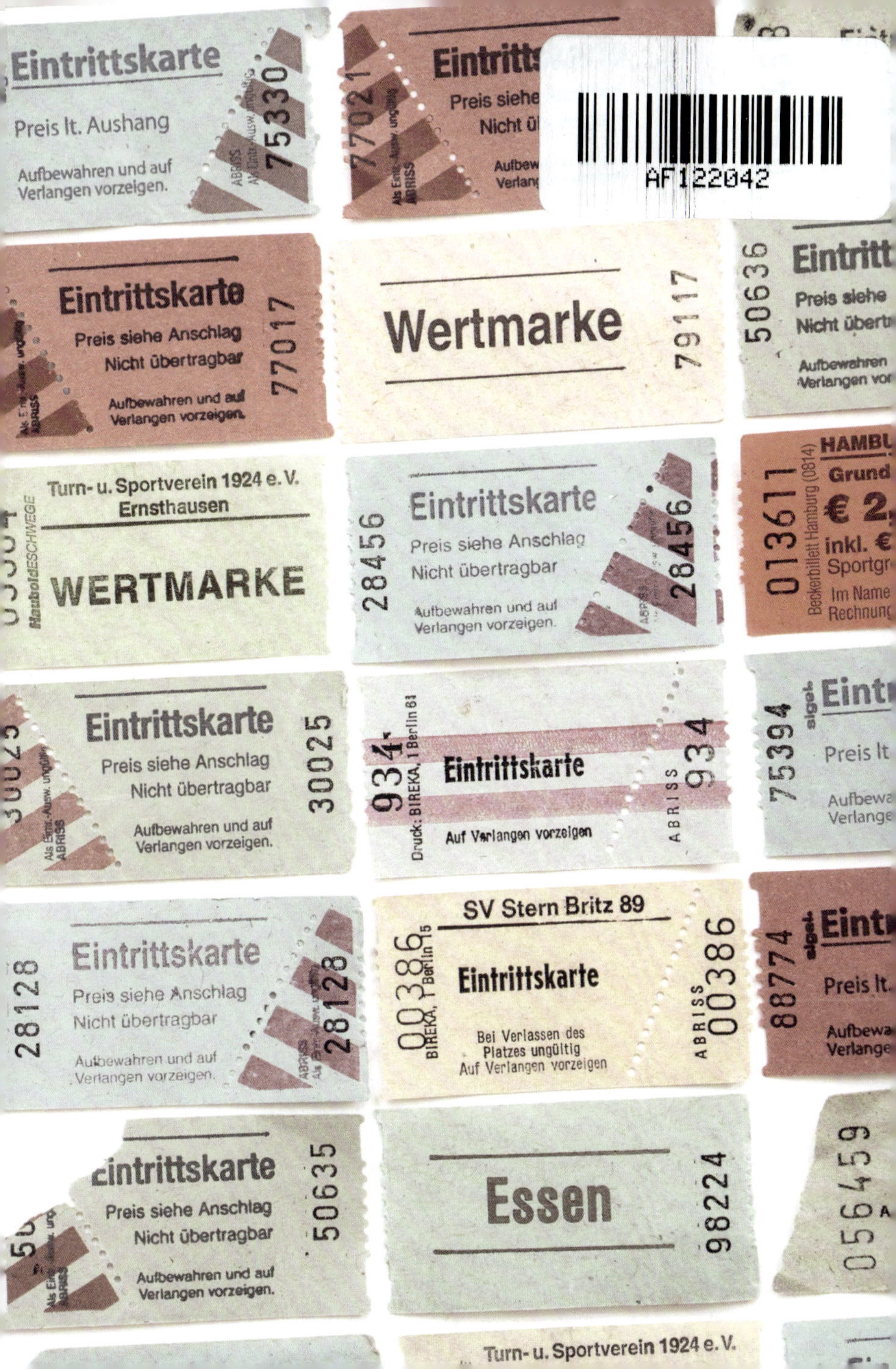
Eintrittskarte
Preis lt. Aushang
Aufbewahren und auf Verlangen vorzeigen.
75330
Eintrittskarte
Preis siehe Anschlag
Nicht übertragbar
Aufbewahren und auf Verlangen vorzeigen.
77017
Wertmarke
79117
Turn- u. Sportverein 1924 e. V. Ernsthausen
WERTMARKE
Eintrittskarte
Preis siehe Anschlag
Nicht übertragbar
Aufbewahren und auf Verlangen vorzeigen.
28456
HAMBU
013611
Eintrittskarte
Preis siehe Anschlag
Nicht übertragbar
Aufbewahren und auf Verlangen vorzeigen.
30025
Eintrittskarte
Auf Verlangen vorzeigen
Druck: BIREKA, 1 Berlin 61
934
ABRISS
Eintrittskarte
Preis siehe Anschlag
Nicht übertragbar
Aufbewahren und auf Verlangen vorzeigen.
28128
SV Stern Britz 89
Eintrittskarte
Bei Verlassen des Platzes ungültig
Auf Verlangen vorzeigen
00386
Eintrittskarte
Preis siehe Anschlag
Nicht übertragbar
Aufbewahren und auf Verlangen vorzeigen.
50635
Essen
98224
056459
Turn- u. Sportverein 1924 e. V.

CHRISTIAN WERNER

AN JEDEM VERDAMMTEN SONNTAG
DEUTSCHLANDS KREISLIGA-HELDEN

SPIELTAG
FRANK GOOSEN

Sonntagmittag, die Sonne steht hoch am Himmel, die Vögel singen nicht nur, sie tirilieren geradezu. Walter schließt das Vereinsheim auf, die Kabinen und die Toiletten, die Schirikabine und den Bürocontainer, lässt die Türen offenstehen, damit da mal ein bisschen frische Luft reinkommt, obwohl man den Geruch von verschwitzten und verdreckten Körpern und Trikots nie wieder aus den Wänden kriegen wird. Er holt den Kreidewagen aus dem Kabuff neben dem Platz, zieht die Linien nach und stellt dann die Eckfahnen auf. Die eine hinten rechts, bei der Weitsprunggrube, fällt immer um, da ist das Loch total ausgeleiert. Walter rammt ein Verkehrshütchen in den Boden und steckt die Fahne rein, für heute muss das reichen.

Als er zum Vereinsheim zurückkommt, ist die Ursula schon da. Die ist eigentlich stellvertretende Jugendleiterin, macht aber heute die Bude.

Walter holt sich einen der Stahlrohrstühle, die unter dem Kunststoffdach aus halbdurchsichtiger Wellplatte an der Längsseite des Vereinsheims jeweils zu viert an kleinen runden Kunststofftischen stehen, setzt sich in die Sonne und hört, wie die Ursula die Rollläden hochzieht. Die Rolllade am letzten Fenster hakt, die verkantet sich immer in der Führung, und Walter steht auf und hämmert von unten ein paar Mal mit dem Handballen dagegen, dann geht es.

Er setzt sich wieder hin und hört, wie sie die Kühlschränke befüllt und dann den Raum noch mal durchwischt, weil gestern, nach dem Spiel der A-Jugend, ein paar Leute bis Mitternacht am Tresen hängengeblieben sind. Dann erst zieht sie den Rollladen vor der Küche hoch, aus der sie später die Bratwurst verkauft. Sie kommt raus und schließt das Gitter vor dem Küchenfenster auf, das mit einem schweren Vorhängeschloss gesichert ist, weil hier ständig eingebrochen wird. Zumindest versuchen sie es immer wieder, dabei gibt es gar nichts zu holen. Scheißblagen, denkt Walter.

Das können nur Blagen sein. In einem bestimmten Alter haben die echt einen Nagel im Kopp.

Um kurz vor eins ist der Dieter da. Der kommt immer nach Kirche und Frühschoppen und bleibt dann den ganzen Tag. Dieter ist jetzt sechsundachtzig, trägt eine Brille, die aussieht, als würde sie eine Tonne wiegen, und raucht Zigarre, die ihm nur so gerade eben unter der Oberlippe klemmt, als könnte sie jeden Moment runterfallen.

»Die kriegen heute bestimmt den Arsch versohlt«, sagt Dieter, praktisch unter der Zigarre hindurch, und nimmt sich ebenfalls einen Stuhl.

Punkt eins kommen Sascha und Patrick, die Trainer von der Ersten. Alle sagen immer noch »Die Erste«, obwohl es schon lange keine Zweite mehr gibt, von einer Dritten ganz zu schweigen. Da darf Walter gar nicht dran denken. Früher war hier am Sonntag von morgens bis abends was los. A-Jugend, Erste, Zweite, Altliga. Samstags gibt es noch die C und die A. Eine B haben sie in diesem Jahr nicht zusammengekriegt. Sonntags gibt es nur noch die Erste, die letztes Jahr in die Kreisliga A aufgestiegen ist. Keiner weiß, wie das passieren konnte. Deshalb spielen sie jetzt auch gegen den Abstieg und müssen heute unbedingt gewinnen. Gegen den Letzten. Sechs-Punkte-Spiel.

Gerade mal zwölf Mann kriegen sie heute zusammen, sagt der Sascha. Der Kevin, der hinten rechts spielt, hat vorhin abgesagt, per SMS, wegen akuter Lebensmittelvergiftung. »Der hat 'ne Gerstensaft-Intoxikation«, sagt der Sascha, der öfter mal mit solchen Fremdwörtern kommt, das hat Walter schon häufiger gehört. »Dem sein Bruder hat gestern geheiratet, und der Kevin konnte sich nicht zusammenreißen, so sieht das aus!« Sascha ist stinkesauer. Drei andere fehlen, weil sie irgendwo schwarz auf dem Bau schackern müssen. Also ist der Jaden heute der einzige Auswechselspieler. Wenn der Ruslan sich verletzt, muss der Jaden sogar ins Tor, und das mit seinen gerade mal einssiebzig. Gut, dass der Ruslan ordentlich gepolstert ist, denkt Walter.

Aus der Küche zieht der Geruch von Bratwürstchen rüber. Walter läuft schon das Wasser im Mund zusammen.

Der Schiri ist heute eine Frau, also eigentlich die Schiri, denkt Walter. Die ist noch keine Zwanzig, aber Walter kennt die, die pfeift gut und bleibt immer ruhig, und hat so eine Ausstrahlung, dass sich nicht mal die Chaoten von der C-Jugend trauen, gegen sie aufzumucken, auch wenn sie in der Kabine Witze über das Mädchen reißen, weil die auch noch ganz gut aussieht, und damit kommen die dann gar nicht klar, die Halbstarken. Als das vor vielleicht zehn Jahren losging, dass Frauen auch Spiele von Männern und nicht nur Jugend gepfiffen haben, gab es mal den einen oder anderen Spruch, aber das war irgendwann durch, was nicht heißt, dass man mit den Entscheidungen der weiblichen Schiris eher einverstanden wäre. Aber so was wie »Die pfeift dieselbe Scheiße wie die Kerle« ist als Kompliment gemeint.

Der Gegner bringt bestimmt zwanzig Leute zur Unterstützung mit. Die Erste muss mit Walter Vorlieb nehmen. Und mit Uwe, dem ersten, und Rolf, dem zweiten Vorsitzenden. Walter kriegt eine gelbe Ordner-Weste. Das ist Vorschrift, und man weiß nie, ob nicht ein Beobachter vom Kreis auftaucht. Uwe und Rolf schnappen sich die Fahnen für die Linienrichter. Ist auch Vorschrift, auch wenn sie jetzt zum Beispiel kein Abseits anzeigen dürfen.

Walter hört wie eine Frau zu der Ursula sagt: »Einmal Currywurst mit Pommes, doppelt Mayo.«

Die Ursula antwortet: »Gibt keine Pommes. Die Fritteuse ist kaputt. Gibt nur Bratwurst. Mit Toast.«

Also nimmt die Frau zwei Bratwürste mit doppelt Toast. Geht alles, wenn man will, denkt Walter.

Als das Spiel angepfiffen wird, überrascht es Walter nicht, dass die Erste sich schwertut. Einmal geraten sie fast in Rückstand, aber der Mirkan kratzt den Ball noch von der Linie. Die anderen behaupten, der sei drin gewesen, aber die Schiri hat gesagt: »Sie haben doch gesehen, wie die Kreide von der Torlinie hochgeflogen ist!«, und dann ist Ruhe.

Gut, dass einer die Linien noch nachgezogen hat, denkt Walter. In der Pause stehen bestimmt fünf Leute Schlange vor dem Küchenfenster und wollen Bratwurst haben. Walter geht durchs Vereinsheim rein und nimmt sich einen Pappteller, eine Wurst und Senf. Beim Essen guckt er der Ursula bei der Arbeit zu.

In der zweiten Hälfte kommt die Erste besser ins Spiel und trifft nach etwa zehn Minuten schon mal den Pfosten. Jetzt reden sie auch mehr, feuern sich an, klatschen in die Hände, das hört man auf dem ganzen Platz, das ist wie ein Echo. Der Ruslan scheißt sie zusammen, als sie bei einer Ecke den Innenverteidiger der anderen nicht decken und der an die Latte köpfen kann.

Ungefähr in der Siebzigsten lässt sich der Leon auswechseln.

»Was ist los?«, fragt der Sascha.

»Sorry, Trainer, ich muss kacken!«

Der Sascha steht da und weiß nicht, was er sagen soll. Nur ein Ersatzspieler, aber der Leon muss raus zum Kacken! Der Patrick schickt den Jaden auf den Platz und schüttelt auch nur den Kopf. Bei den Kurzen, also den Minikickern oder der F-Jugend, hat Walter schon öfter gesehen, dass sich ein Kind hat auswechseln lassen, weil es zur Toilette musste, bei der Ersten noch nicht. Man lernt immer noch dazu, denkt er.

Leon rennt an den Zuschauern vorbei ins Vereinsheim. Ohne seine Zigarre unter der Oberlippe wegzunehmen brummt Dieter: »Da darfst du keine Kinder hinterherschicken, die hören auf zu wachsen.«

Die Sonne ist jetzt weg, es hat sich zugezogen. Da kommt heute noch was runter, denkt Walter.

Zehn Minuten später macht der Jaden das Einsnull. Vollspann von der Strafraumgrenze. Haltbar, aber die Murmel rutscht dem Keeper über die Fäuste. Dabei bleibt es bis zum Schluss.

In der Kabine ist danach die Hölle los. Walter tut so, als müsste er was aus dem Ballraum holen, aber will einfach nur dabei sein, wenn sie ihre Sprüche machen. Eine erschöpfte Mannschaft nach einem knappen Sieg – es gibt nichts Besseres. Es stinkt, es dampft, es ist laut, auf dem Boden liegen die dreckigen Trikots, Hosen und Stutzen, bis der Sascha sagt: »Was ist das hier für ein Sauhaufen! Packt die Sachen vernünftig in die Tasche!«

Durch die offene Tür sieht Walter sie unter der Dusche stehen, in Badeschlappen. Einige halten Bierflaschen, Daniel schreit: »Ruslan, du wirst fett!«, und Ruslan streckt die Wampe noch extra raus und klatscht sich drauf, alle lachen und sind sich einig, dass sie nur gewonnen haben, weil Leon kacken musste. Sie duschen in drei Schichten, weil von den sechs Duschen zwei kaputt sind. Der Patrick ist ja Gas-Wasser-Scheiße-Installateur, kommt aber angeblich zu nix.

Walter grinst und geht wieder raus. Inzwischen regnet es. Die Schiri kommt aus dem Container, wo der Computer steht, an dem sie den elektronischen Spielbericht gemacht hat. Zwei gelbe Karten, das war ein ruhiges Spiel, obwohl es um so viel ging. Hinter ihr kommen Uwe und Rolf und gucken ihr auf den Hintern und grinsen.

Der Patrick sitzt vorm Vereinsheim, der Dieter kommt vorbei und ruft: »Na, habt ihr denen den Arsch versohlt?« Die Ursula putzt die Küche, während Walter unterm Vordach steht und den Tropfen beim

Fallen zuguckt. Die Ursula kommt und guckt mit. Sie ist sauer und sagt ziemlich pampig: »Kannst du denen mal klarmachen, dass die Bürste neben dem Klo nicht nur zur Zierde dasteht?«

    Der Leon, denkt Walter.

    Nach ein paar Minuten ist der Schauer vorbei. Über der Gesamtschule wird der Himmel schon wieder blau. Die Ursula lässt die Rollläden runter, und bei der hintersten muss Walter von außen ziehen, weil die ja klemmt. Ursula schließt das Gitter vor dem Küchenfenster ab und verrammelt den Eingang zum Vereinsheim. Vorher hat sie Walter noch eine Flasche Bier rausgebracht. Seine erste heute. Er blickt ihr nach, während sie zu ihrem silbernen Golf geht. Er dreht seine Runde, schließt die Kabinen ab und den Container und die Schirikabine und das Kabuff. Dann lässt er den Bügelverschluss der Bierflasche aufploppen, setzt sich in einen der Stahlrohrstühle und nimmt einen Schluck. Mit dem Loch für die Eckfahne da hinten muss was passieren, denkt er.

    Dann atmet er tief durch die Nase ein. Wegen des Regens kann man den Rasen bis hierhin riechen.

» NACH VORNE SPIELEN UNSERE NICHT SCHLECHT.
NICHT WELTKLASSE, ABER NICHT SCHLECHT. «

» WAS? WELTKLASSE? HÖR MAL,
WIR SPIELEN HIER DRITTE KREISKLASSE. «

Zuschauer, MTV Germania Barnten

»DIE SCHMEISSEN HIER NACH 'NER STUNDE DAS HANDTUCH UND DU HAST GESTERN EXTRA NICHTS GETRUNKEN, BIST FRÜH INS BETT UND HEUTE FRÜH RAUS. DAS MUSST DU DEREN TRAINER MAL SAGEN!«

»NA JA, VIER GLÜHWEIN HABE ICH GESTERN SCHON GETRUNKEN.«

Spieler SG Buna Halle-Neustadt

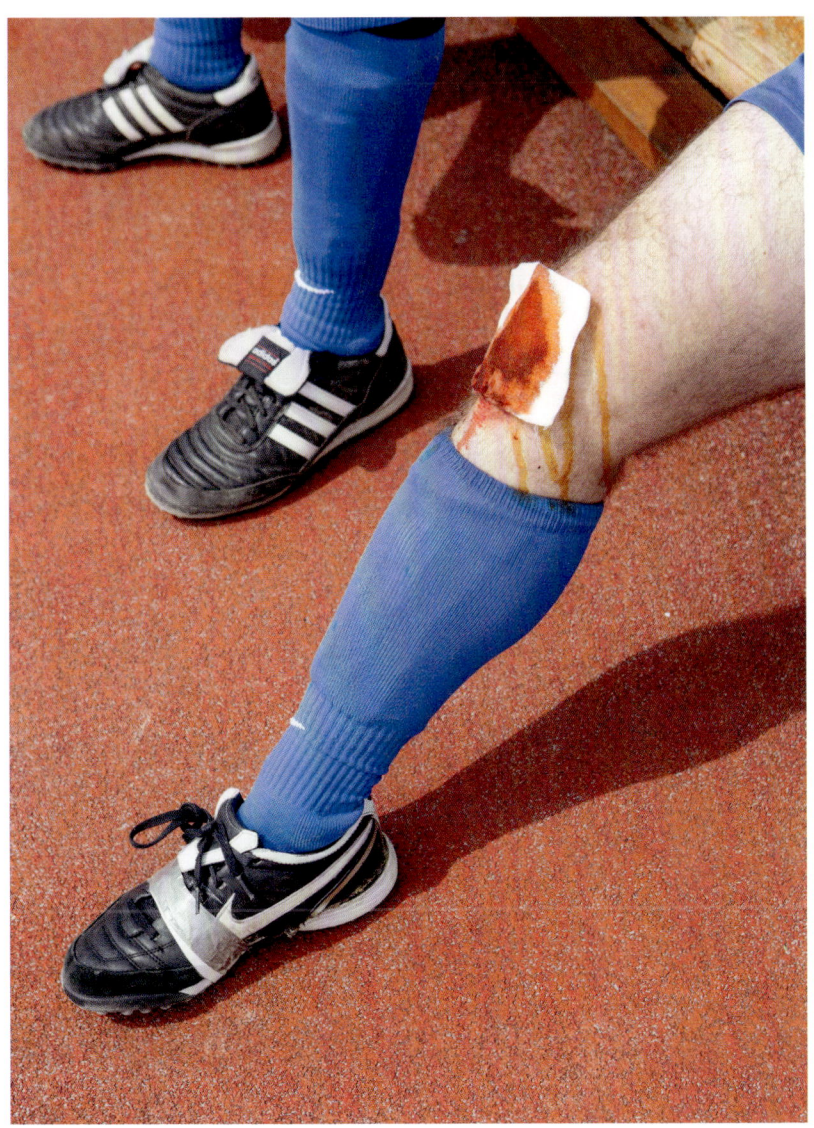

»SO, ES GEHT LOS.

SCHIRI, WARTE NOCH KURZ, ICH GEHE SOFORT IN DEN KELLER FÜR DEN VIDEOBEWEIS. **«**

Zuschauer, SV Fortuna Leipzig 02

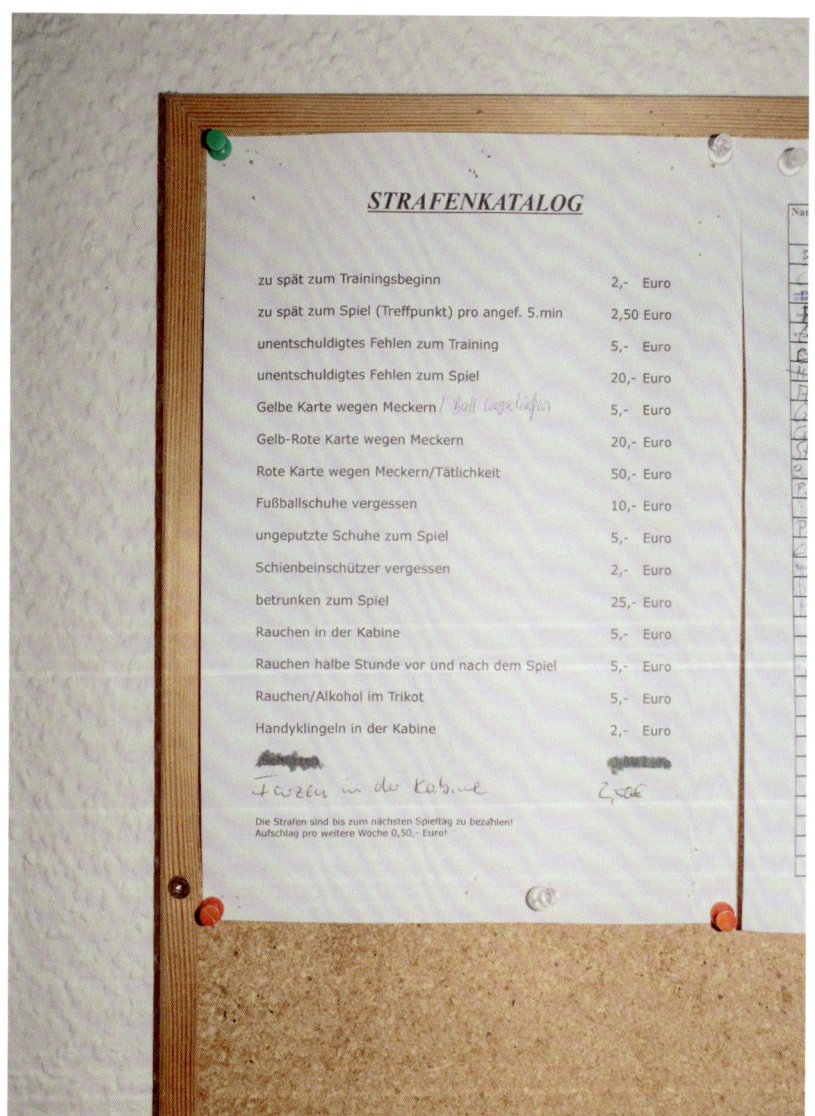

STRAFENKATALOG

zu spät zum Trainingsbeginn	2,- Euro
zu spät zum Spiel (Treffpunkt) pro angef. 5.min	2,50 Euro
unentschuldigtes Fehlen zum Training	5,- Euro
unentschuldigtes Fehlen zum Spiel	20,- Euro
Gelbe Karte wegen Meckern / *Ball wegelaufen*	5,- Euro
Gelb-Rote Karte wegen Meckern	20,- Euro
Rote Karte wegen Meckern/Tätlichkeit	50,- Euro
Fußballschuhe vergessen	10,- Euro
ungeputzte Schuhe zum Spiel	5,- Euro
Schienbeinschützer vergessen	2,- Euro
betrunken zum Spiel	25,- Euro
Rauchen in der Kabine	5,- Euro
Rauchen halbe Stunde vor und nach dem Spiel	5,- Euro
Rauchen/Alkohol im Trikot	5,- Euro
Handyklingeln in der Kabine	2,- Euro
Furzen in der Kabine	*2,50€*

Die Strafen sind bis zum nächsten Spieltag zu bezahlen!
Aufschlag pro weitere Woche 0,50,- Euro!

» WAS WAR DAS DENN FÜR 'NE BANANE? «

» DAS WAR'N BUMERANG! HÄTTE DEN LEON NICHT ABGEFANGEN, WÄRE DER VORM TOR NOCH MAL UMGEKEHRT UND ZURÜCKGEKOMMEN. «

Zuschauer des TSV Süderbrarup

» EY SCHIRI, WIR WECHSELN. «

» DAS HEISST SCHIEDSRICHTER,
HERR SCHIEDSRICHTER — NICHT SCHIRI. «

Trainer SV Ostfrisia Moordorf / Schiedsrichter

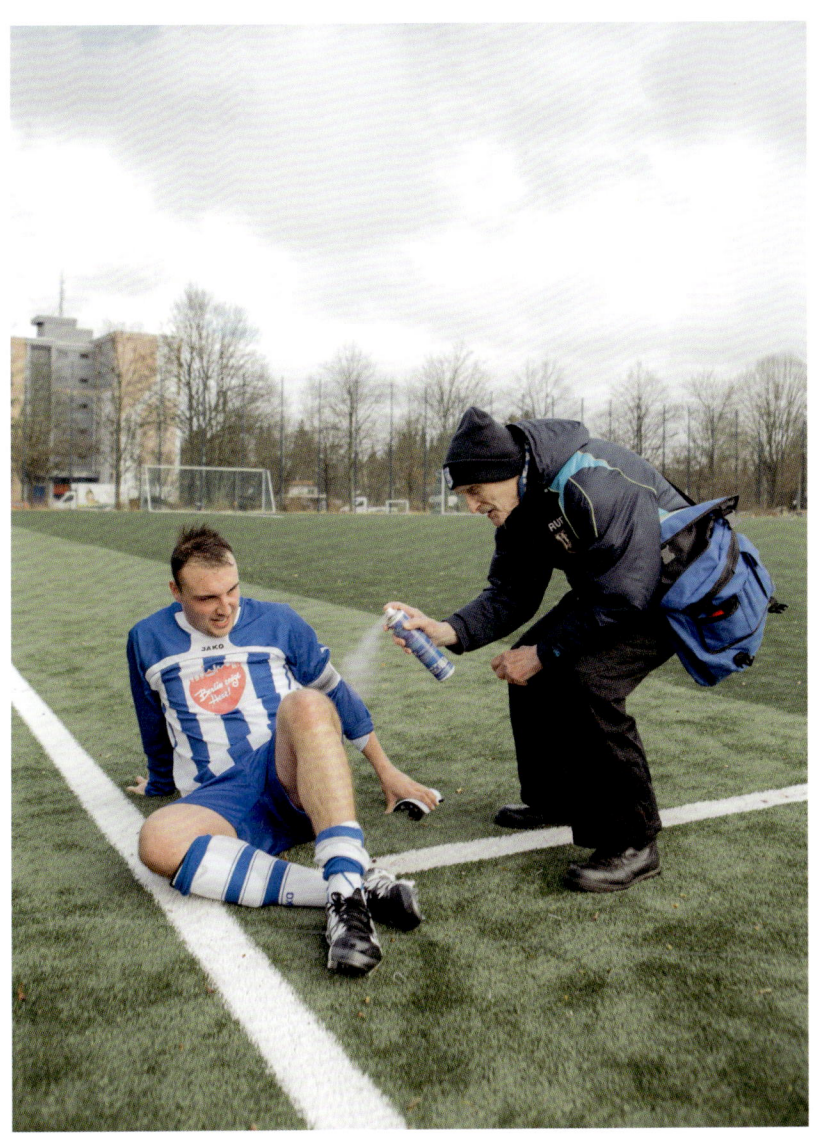

»ICH BIN DER SCHIEDSRICHTER UND WAS ICH PFEIFE, MUSST DU SCHON MIR ÜBERLASSEN.«

»NA GUT, DANN BESUCHST DU NÄCHSTE WOCHE DIE VERLETZTEN IM KRANKENHAUS UND ERKLÄRST DEREN CHEFS DAS GENAU SO.«

Trainer SG Aue Großbrembach / Schiedsrichter

»SCHIRI,

**WARUM MACHST DU DA NICHTS?
DER MUSS MORGEN NOCH ARBEITEN UND WIRD
STÄNDIG SO UMGETRETEN.«**

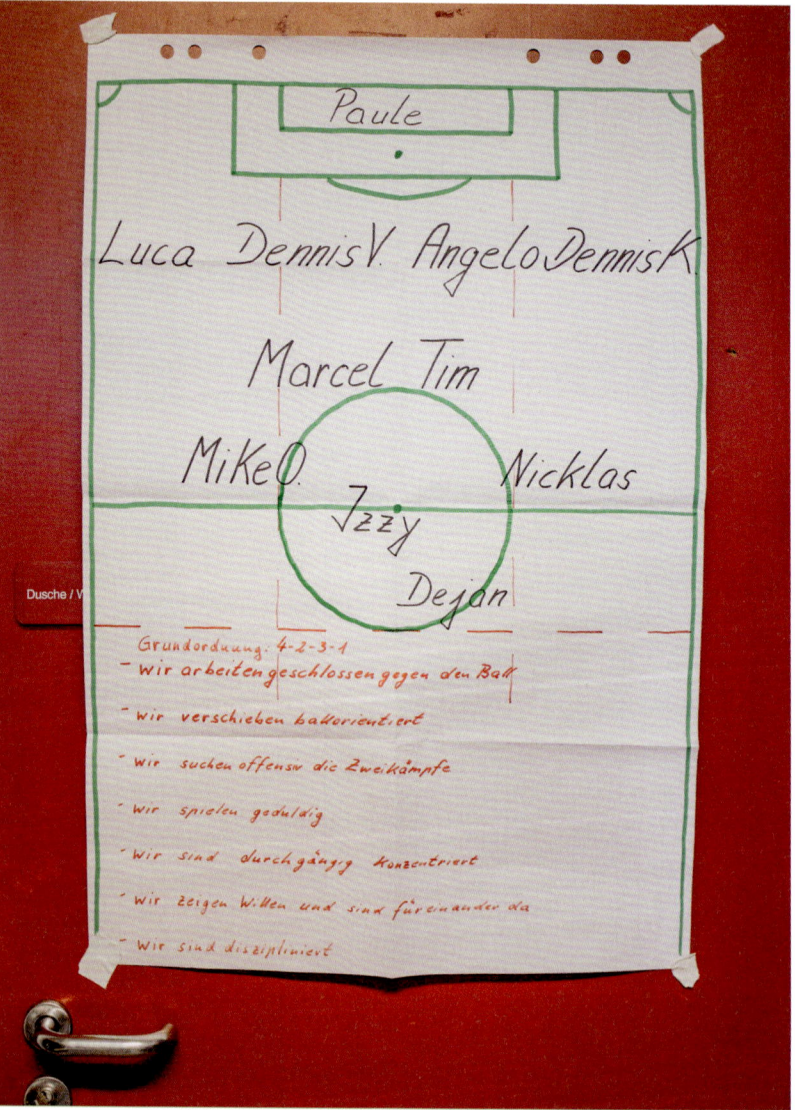

»MENSCH, LEUTE, DONNERSTAG HABEN WIR DAS DOCH NOCH GEÜBT! SCHNELLES SPIEL, LEUTE, SCHNELLES SPIEL!«

Trainer SG 05 Wiesenbach

»DU, ICH FINDE DEINEN SPIELERPASS NICHT.
NA JA, WIR NEHMEN EINFACH DEN VON MAX.«

»WAS? DAS SIEHT DER SCHIRI DOCH SOFORT.«

»QUATSCH. UND WENN DOCH,
DANN SAG, DU HAST SCHLECHT GEPENNT
UND DICH RASIERT.«

Anonym

» MEHMET, LASS DIE TRICKSEREI, DAS IST NUR BROTLOSE KUNST. «

Trainer TV Edigheim

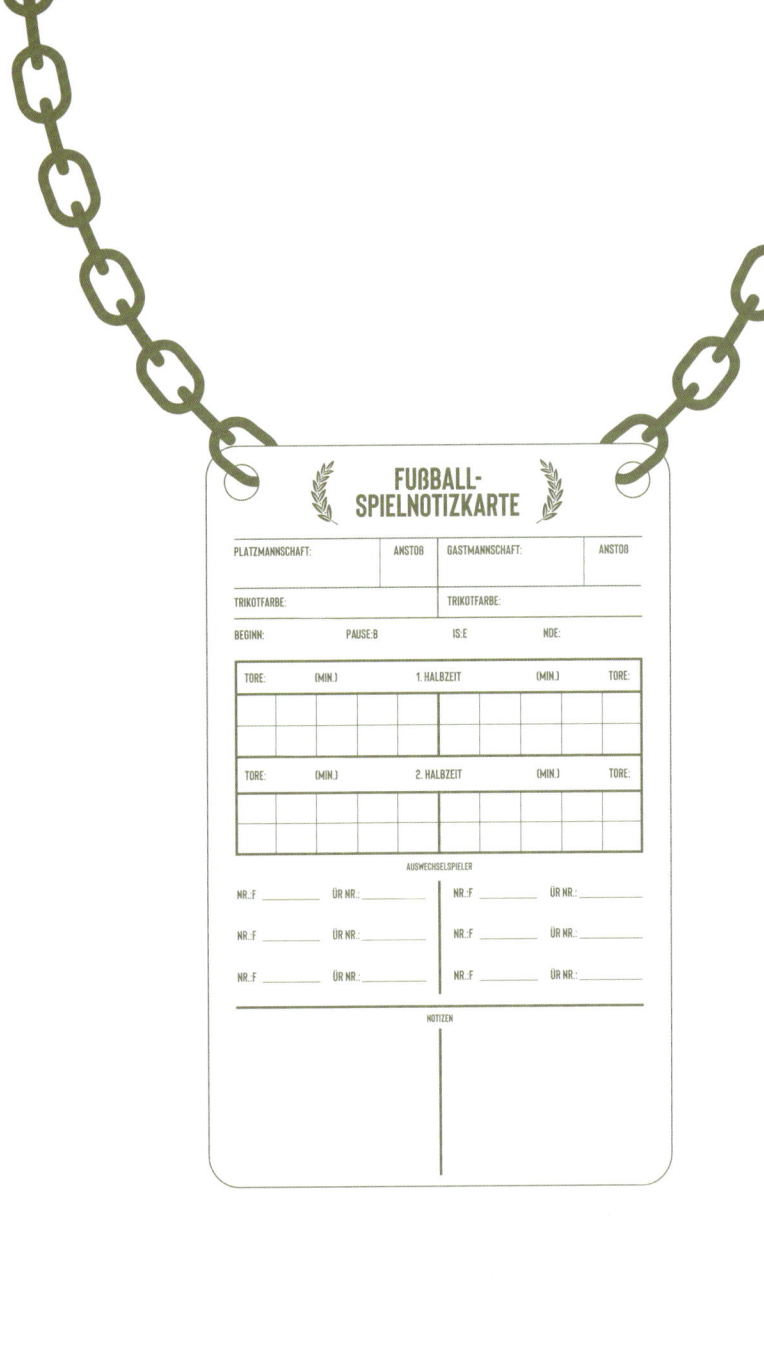

> » HEY SCHIRI, NA KOMM SCHON, DAS WAR KEIN FOUL, DER LACHT DOCH SCHON WIEDER. «

Trainer TSV Bockenheim

»HERR SCHIEDSRICHTER, DER BALL IST PLATT.«

Spieler Eintracht Kaiserslautern

> »SCHIEDSRICHTER, WAS FÜR EINE SPORTART PFEIFST DU EIGENTLICH GERADE?«
>
> *Betreuer SV Linden 07*

> »LASS DAS MIT DEN KOPFBÄLLEN MICHA,
> DU BIST NICHT KEVIN GROSSKREUTZ.
> DEIN SCHWERPUNKT LIEGT MEHR AUF DER HÜFTE.«

Zuschauer, SV Blau-Weiß Berolina Mitte

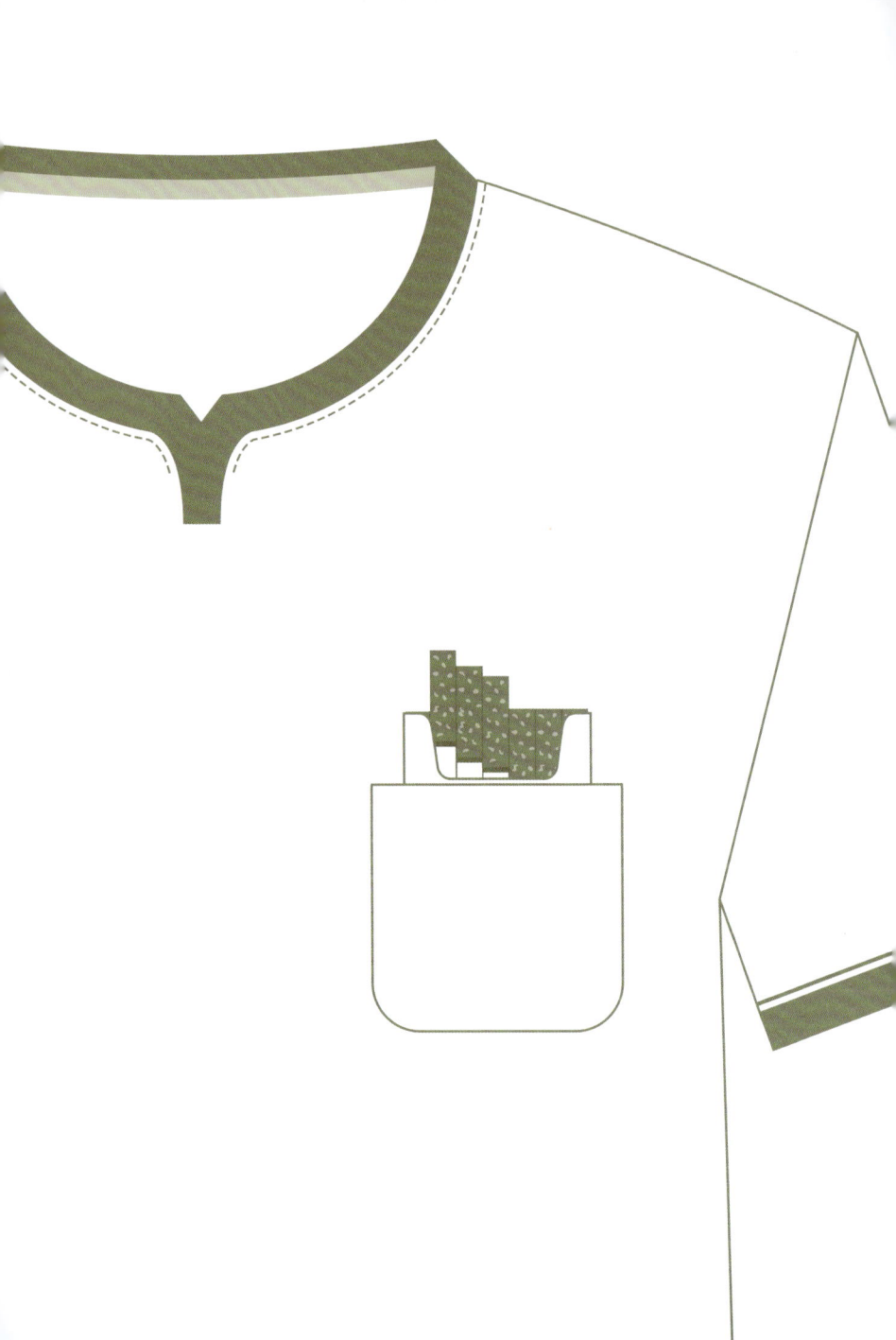

»WIE, ICH BIN ALT?

ICH BIN 34, JUNGE, ABER HERZ UND LUNGE WIE EIN 17-JÄHRIGER.«

WIRD AUSGEWECHSELT UND ZÜNDET SICH EINE ZIGARETTE AN

Spieler TuS Rot-Weiß Emden

» ERIK, WAS WAR DAS DENN? DEN HÄTTE ICH AUCH MIT DEN HODEN STOPPEN KÖNNEN. «

Torwart FSV Groß Kreutz II zu Gegenspieler

» LEUTE, AUF DEN NEUNER MÜSST IHR AUFPASSEN,
DEN KENNE ICH VON FRÜHER. «

Zuschauer, VfL Kaiserslautern

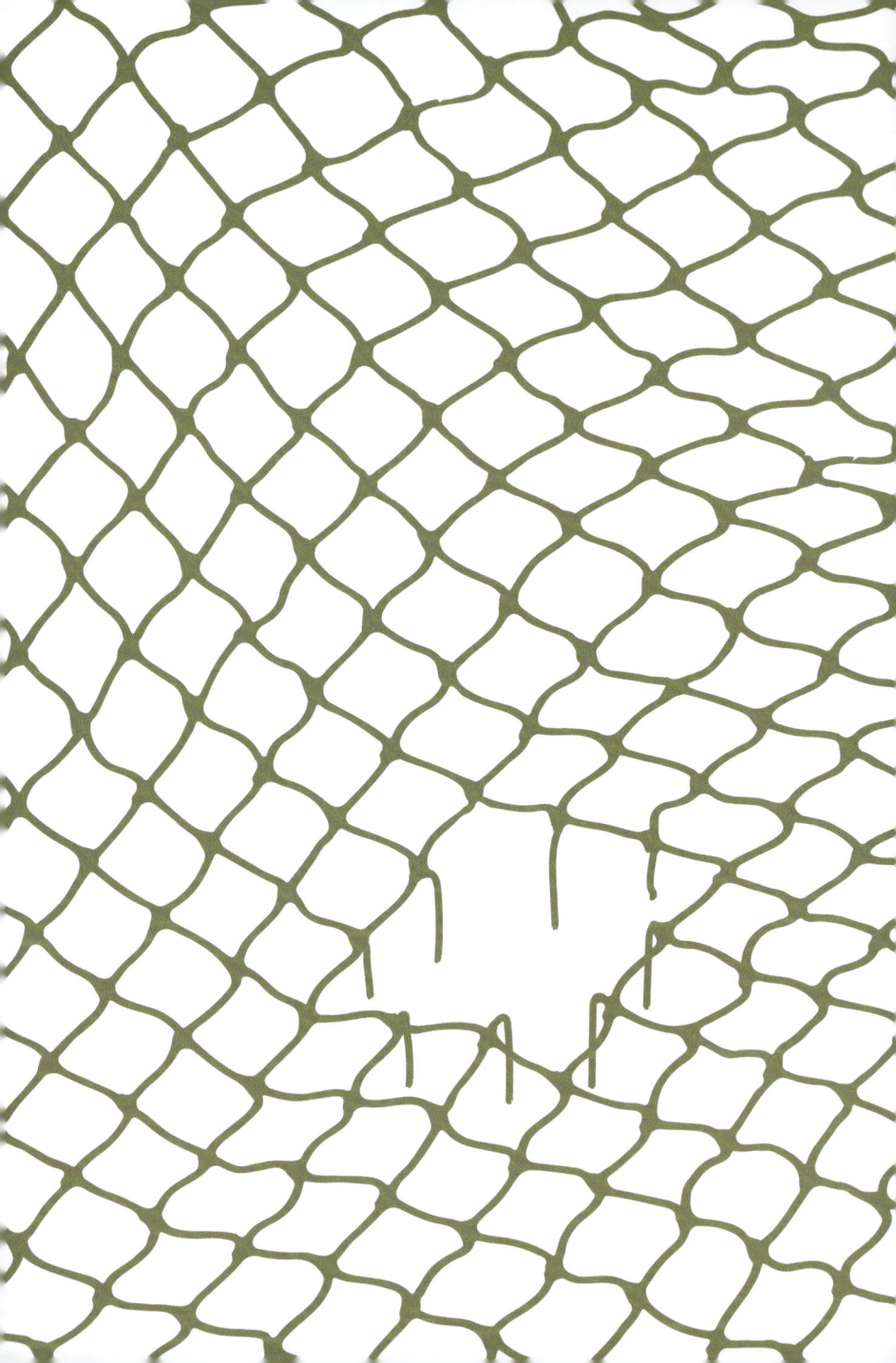

»DER RALF KÖNNTE DOCH AM WOCHENENDE FÜR DICH INS TOR?«

»JA KLAR, DER FLIEGENFÄNGER.«

Spieler TV Edigheim

INDEX
AN JEDEM VERDAMMTEN SONNTAG

10 / 11 Trainer und Betreuer des SV Blau-Weiß Schmiedehausen 1950 I suchen den Spielball in einem Rapsfeld. | *Schmiedehausen. Mittelthüringen, 2. Kreisklasse Nord/A*

13 Spieler des SV Grün-Weiß Niedertrebra vor einem Spiel gegen den FSV Fortuna Hopfgarten am ersten Spieltag nach der Winterpause. Dem Platz sieht man die Auswirkungen des Winters deutlich an. | *Hopfgarten. Mittelthüringen, Kreisliga Nord*

14 Das Ziel des Spieltages auf der Kabinentür des TuS Halbemond. *Halbemond. Ostfrieslandklasse D, Staffel 1*

15 Ein Spieler des TuS Halbemond. | *Halbemond. Ostfrieslandklasse D, Staffel 1*

16 / 17 Vor dem Spiel des TV 1895 Edigheim gegen den KSV Amed Ludwigshafen. | *Ludwigshafen-Edigheim. B-Klasse Rhein-Pfalz Süd*

19 Zuschauer beim Spiel des SV Eintracht Wickerstedt gegen den SV Fortuna Frankendorf. | *Wickerstedt. Mittelthüringen, Kreisliga Nord*

20 / 21 FC Rettenberg II – SG Seifriedsberg/Sonthofen II 4:3. *Rettenberg. Kreis Allgäu, B-Klasse 7*

23 Ein Spieler des SV Weser 08 auf dem Weg zum Eckstoß. *Bremen, Kreisliga B*

24/25 Foul beim Spiel SV 1863 Dölzig – VfB Zwenkau III – 4:1.
Dölzig. Kreis Leipzig, 2. Kreisklasse Staffel 1

27 Sonntag, -8 °C auf Asche. SG Buna Halle-Neustadt II gegen SG Aufbau Tasmania Halle 7:0. | *Halle/Saale. Stadtliga Halle/Saale*

28/29 Spieler des FC Rettenberg bejubeln das 2:0 gegen den DJK Seifriedsberg.
Rettenberg. Kreis Allgäu, Kreisklasse 4

30 Spieler des OSV Hannover putzen ihre Schuhe nach dem Spiel.
Hannover-Bothfeld. Stadt Hannover, 2. Kreisklasse

31 Spieler des BFC Meteor 06 nach einem harten Spiel auf Kunstrasen gegen den TSV Lichtenberg. | *Berlin-Lichtenberg. Berlin, Kreisliga A, Staffel 3*

32/33 Spieler des SV Viktoria 1921 Beeck diskutieren während der Halbzeitpause.
Duisburg-Beeck. Kreis Duisburg-Mülheim-Dinslaken, Kreisliga B, Gruppe 3

34 Rudi Gutsmuths dirigiert die zweite Mannschaft des SV Stern Britz 1889 vom Spielfeldrand. 1949 gründete Rudi zusammen mit anderen Fußballern den Verein und blieb ihm seither treu.
Berlin-Britz. Berlin, Kreisliga B

35 SV »Am Meisel« Großmonra.
Großmonra. Kreis Erfurt-Sömmerda, 2. Kreisklasse, Staffel 2

36/37 DSK Köln II – SC Borussia Lindenthal-Hohenlind 4:2.
Köln-Ehrenfeld. Köln, Kreisklasse C, Staffel 2

40/41 Auswechselspieler des SV Vahdet Hamburg.
Hamburg-Hamm. Hamburg, Kreisklasse B1

43 Zuschauer und Spieler bei einem Spiel der SG Rössing/Barnten.
Barnten. Kreis Hildesheim, 1. Kreisklasse

44 Strafenkatalog in der Kabine der SG »Aue« Großbrembach.
Großbrembach. Kreis Erfurt-Sömmerda, 1. Kreisklasse, Staffel II

45 Im Vereinsheim des TSV Wolfskehlen. | *Wolfskehlen. Groß-Gerau, Kreisliga*
47 Spieler des OSV Hannover II feiern ihren Sieg in der Dusche des TuS Kleefeld. | *Hannover. Stadt Hannover, 2. Kreisklasse*
48 Buffet während der Feier des 90. Geburtstags von Rudi Gutsmuths, Gründungsmitglied und gute Seele von Stern Britz.
Berlin-Britz. Berlin, Kreisliga B
49 Trikots der Spieler des BSC Aufbau Apolda trocknen im Vereinsheim.
Apolda. Mittelthüringen, 2. Kreisklasse Nord/ Staffel A
51 Spieltag und Tabelle im Vereinsheim des FC Sängerstadt Finsterwalde.
Finsterwalde. Südbrandenburg, 1. Kreisklasse Nord
52/53 UFC Wacker 73 Saarbrücken II - Saarbrücker SV II 6:2.
Saarbrücken. Kreis Halberg, Kreisliga B
55 Spieler des TSV Lichtenberg bei einer Spielunterbrechung bei 28 °C im Schatten. | *Berlin-Lichtenberg. Berlin, Kreisliga A, Staffel 3*
56/57 Der Platz des SSV Blau-Gelb Mellingen/Taubach während eines Hochwassers des Flusses Ilm. | *Mellingen. Mittelthüringen, 1. Kreisklasse Nord*
59 Ein Spieler des TuS Clausthal-Zellerfeld befreit den Platz vor dem Anpfiff von Wasser. | *Clausthal-Zellerfeld. 1. Nordharzklasse, Staffel 1*
60 Im Vereinsheim des SV »Am Meisel« Großmonra zeigen Wandgemälde, welche Strafen auf welches spielerische Vergehen folgen.
Großmonra. Kreis Erfurt-Sömmerda, 2. Kreisklasse, Staffel 2
61 Rudelbildung während des Spiels VFL Kaiserslautern II gegen die SG Eintracht Kaiserslautern. | *Kaiserslautern. C-Klasse Süd, Kasierslautern/Donnersberg*
63 Freistoß des SV Eintracht Wickerstedt gegen den SV Fortuna Frankendorf.
Wickerstedt/Thüringen. Mittelthüringen, Kreisliga Nord
64/65 Bei einem Spiel des FC Betzenstein.
Betzenstein. Kreis Erlangen/Pegnitzgrund, Kreisklasse, Gruppe 3

66   Ordner und Zuschauer beim Spiel zwischen dem TSV Ingeln-Oesselse und dem 1. FC Burgdorf. | *Ingeln-Oesselse. 1. Kreisklasse Hannover-Land Staffel 3*
67   Torwart des TSV Ingeln-Oesselse.

Ingeln-Oesselse. 1. Kreisklasse Hannover-Land Staffel 3

69   Torwart des TSV Ingeln-Oesselse nach einem Foul.

Ingeln-Oesselse. 1. Kreisklasse Hannover-Land Staffel 3

71   Präsident und Pressewart des SV Wilkenburg.

Wilkenburg. Hannover-Land, Kreisliga, Staffel 3

73   Eisspray für einen verletzten Spieler des SV Stern Britz.

Berlin-Britz. Berlin, Kreisliga B

74/75   SV Leipzig Ost I - SC Eintracht 09 Großdeuben I 2:0.

Leipzig-Sellerhausen. Kreis Leipzig, 1. Kreisklasse, Staffel 2

78/79   Rangelei zwischen Spielern des SV Vahdet Hamburg und Juventude do Minho Hamburg. | *Hamburg-Hamm. Hamburg, Kreisklasse B1*

81   Spieler der Spielvereinigung Rot-Weiß Emden/Kickers Emden II und des FTC Hollen bei einem Eckball. | *Emden. Ostfrieslandklasse A, Staffel 2*

82   Vereinsheim des TuSG Wiedensahl nach einem Spiel.

Wiedensahl. Kreis Schaumburg, 1. Kreisklasse

83   Im Vereinsheim des Sprötauer SV.

Sprötau. Kreis Erfurt-Sömmerda, 1. Kreisliga, Staffel II

85   In der Kabine der SG »Aue« Großbrembach.

Großbrembach. Kreis Erfurt-Sömmerda, 1. Kreisklasse, Staffel II

86   Aufstellung- und Taktiktafel des SV Stern Britz.

Berlin-Britz. Berlin, Kreisliga B

87   Spieler von DJK Sparten Langenhagen diskutieren den Spielverlauf nach einer Niederlage im Kreispokal gegen Inter Burgdorf.

Langenhagen. 1. Kreisklasse Hannover-Land Staffel 2

89 Im Vereinsheim des TV 1895 Edigheim.
Ludwigshafen-Edigheim. B-Klasse Rhein-Pfalz Süd
90/91 SG »Aue« Großbrembach - SV Fortuna Ingersleben II 1:6.
Großbrembach. Kreis Erfurt-Sömmerda, 1. Kreisklasse, Staffel II
92/93 Spiel der Kreishallenmeisterschaft Saalekreis 2017/2018.
Landsberg. Kreisfachverband Fußball Saalekreis
95 Der SV Blau-Weiß Farnstädt feiert den Gewinn der Hallenkreismeisterschaft des Saalekreises 2018. | *Merseburg. Kreisfachverband Fußball Saalekreis*
96/97 Spieler des TuS Halbemond nach einem Gegentor gegen den SV Leezdorf. | *Halbemond. Ostfrieslandklasse D, Staffel 1*
99 Beim Training des TV 1895 Edigheim.
Ludwigshafen-Edigheim. B-Klasse Rhein-Pfalz Süd
100 Beim Training des TV 1895 Edigheim.
Ludwigshafen-Edigheim. B-Klasse Rhein-Pfalz Süd
101 Torwart des FTC Hollen bei einem Eckball der Spielvereinigung Rot-Weiß Emden/Kickers Emden II. | *Emden, Ostfrieslandklasse A, Staffel 2*
102/103 Spieler machen Liegestütze beim Training des TV 1895 Edigheim.
Ludwigshafen-Edigheim. B-Klasse Rhein-Pfalz Süd
105 Taktiktafel im Vereinsheim des TV 1895 Edigheim.
Ludwigshafen-Edigheim. B-Klasse Rhein-Pfalz Süd
107 Spieler und Anhang des TuS Halbemond nach einer 0:5-Niederlage gegen den SV Leezdorf.
Halbemond. Ostfrieslandklasse D, Staffel 1.
108/109 SV Leipzig Ost I - SC Eintracht 09 Großdeuben I 2:0.
Leipzig-Sellerhausen. Kreis Leipzig, 1. Kreisklasse, Staffel 2
111 Zuschauer beim Derby Sportfreunde Mühlacker gegen die Fußballvereinigung 08 Mühlacker. | *Mühlacker. Kreisklasse A1 Pforzheim*

112 / 113 Spiel des Sprötauer SV gegen die Sportfreunde Leubingen.

Sprötau. Kreis Erfurt-Sömmerda, 1. Kreisliga, Staffel II

114 / 115 Freistoß beim Spiel des UFC Wacker 73 Saarbrücken – Saarbrücker SV.

Saarbrücken. Kreisliga A Halberg

119 Zuschauer beim Spiel SV 59 Fortuna Frankendorf – SV 1951 Gaberndorf.

Frankendorf. Mittelthüringen, Kreisliga Nord

120 / 121 Spieler und Fans der zweiten Mannschaft des BSC Apolda feiern den Aufstieg in die 1. Kreisklasse.

Apolda. Mittelthüringen, 2. Kreisklasse Nord/ Staffel A

123 Nach dem Spiel des UFC Wacker 73 Saarbrücken – Saarbrücker SV 3:8.

Saarbrücken. Kreisliga A Halberg

124 / 125 Trainer und Zuschauer beim Spiel SV Groß Flottbek I – BSV 19 Altona I.

Hamburg-Groß Flottbek. Hamburg, Kreisliga 2

126 / 127 FC Rettenberg II – SG Seifriedsberg/Sonthofen II 4:3.

Rettenberg. Kreis Allgäu, B-Klasse 7

129 Spieler des TSV 1864 Magdala nach dem Spiel gegen den SV 1951 Gaberndorf. | *Magdala. Mittelthüringen, Kreisliga Nord*

131 Schiedsrichter vor Anpfiff des Spiels SG HTB Halle II – SG Halle 05.

Halle/Saale. 1. Stadtklasse Halle/Saale

132 / 133 Heiratsantrag nach dem letzen Spieltag und dem Aufstieg des BSC Aufbau Apolda. | *Apolda. Mittelthüringen, 2. Kreisklasse Nord/ Staffel A*

134 / 135 Spieler von Dersimspor Hamburg wechseln im Spiel gegen den FC Neuenfelde. | *Hamburg-Neuenfelde. Hamburg, Kreisliga 1*

136 Büdchen von Rot-Weiß Bodelschwingh.

Dortmund-Bodelschwingh. Kreis Dortmund, Kreisliga C Gruppe 1

137 Küche im Vereinsheim des MTV Germania Barnten.

Barnten. Kreis Hildesheim, 1. Kreisklasse

139   Zuschauer beim Spiel TSV Süderbrarup II – TSG Scheersberg 1:3.
Süderbrarup. Kreis Schleswig-Flensburg, Kreisklasse B-N1
140 / 141   Spieler des TuS Rot-Weiß Emden fischt den Ball aus einem Wassergraben. | *Emden. Ostfrieslandklasse A, Staffel 2*
142 / 143   Vor dem Spiel SV Leipzig Ost I - SC Eintracht 09 Großdeuben I.
Leipzig-Sellerhausen. Kreis Leipzig, 1. Kreisklasse, Staffel 2
145   Spieler und Platzwart des SV »Am Meisel« Großmonra nach Spielende.
Großmonra. Kreis Erfurt-Sömmerda, 2. Kreisklasse, Staffel 2.
147   Ein Spieler der SG Seifriedsberg/Sonthofen beim Eckball.
Rettenberg. Kreis Allgäu, B-Klasse 7
150 / 151   Die Mannschaft des OSV Hannover II beim Abschlussgrillen zum Saisonende. | *Hannover-Bothfeld. Stadt Hannover, 2. Kreisklasse*
152 / 153   Anhänger des SV Lichtenberg 47 feiern den Aufstieg.
Berlin-Lichtenberg. Berlin, Kreisliga A, Staffel 2
155   Der Torwart der SG Untertürkheim bei einer 0:8-Niederlage gegen den TSVgg Münster. | *Stuttgart-Münster. Kreisliga A1 Stuttgart*
157   »Mit Stolz und Tradition in die erste Kreisklasse«, Trainer und Spieler des SV Eintracht Kosswig beim Auswechseln.
Finsterwalde. Südbrandenburg, 1. Kreisklasse Nord
158 / 159   Halbzeit beim Spiel SV »Am Meisel« Großmonra - SV Ollendorf 1927.
Großmonra. Kreis Erfurt-Sömmerda, 2. Kreisklasse, Staffel 2
161   Der Torwart des TSV Fortuna Salzgitter vor dem Spiel gegen den TSV Beinum II. | *Salzgitter. 3. Nordharzklasse, Staffel 2*
162 / 163   SV Ostfrisia Moordorf III – SG Tergast/Oldersum II 4:2.
Moordorf. Ostfrieslandklasse D, Staffel 5
165   Die Mannschaft des Saarbrücker SV II in der Halbzeit beim UFC Wacker 73 Saarbrücken II. | *Saarbrücken. Kreis Halberg, Kreisliga B*

166 / 167 Spieler von Dersimspor Hamburg bei einem Eckball im Spiel gegen den FC Neuenfelde. | *Hamburg-Neuenfelde. Hamburg, Kreisliga 1*

169 Spieler von Dersimspor Hamburg nach dem Spiel gegen den FC Neuenfelde. | *Hamburg-Neuenfelde. Hamburg, Kreisliga 1*

170 / 171 FC Neuenfelde – Dersimspor Hamburg 0:6. *Hamburg-Neuenfelde. Hamburg, Kreisliga 1*

175 Ein Spieler des FSV Fortuna Hopfgarten zieht vor dem ersten Spieltag nach der Winterpause die Spielfeldmarkierungen nach. *Hopfgarten. Mittelthüringen, Kreisliga Nord*

176 / 177 Während eines Spiels gegen den TSV Saxonia Hannover holt ein Spieler des PSV Hannover den Ball zurück aufs Feld. *Hannover-Ricklingen. Stadt Hannover, 4. Kreisklasse, Staffel 2*

179 Der von Regen, Frost und Schnee mitgenommene Platz des SV Eintracht Wickerstedt nach der Winterpause. | *Wickerstedt. Mittelthüringen, Kreisliga Nord*

DANKSAGUNG

Danke für die Unterstützung und Ermutigungen an:
Cordula Aas | Anna Richter | Charlotte Schmitz | Nicola Einsle
Thomas Müller | Tom Töpfer | Martin Raack | Sven Stolzenwald
David Carreño Hansen | Danny Schreiber | Eva Hertel | Rolf Nobel
Marten Brandt | Pascal Richmann | Christoph Kellner | Amadeus
Waldner | Rudi Guthsmuths | Steve Limburg | Erik Wunderwald
Björn Dißelkötter | Luise Kehm | Arnulf Guntau | Martin Pötter
Jan Phillip Eberstein | Alix von Rössing | Gregor Buchner | Thomas,
Judith, Basti, Bärbel & Ralf Werner | Hotte & Gabi | die Fotoredaktion
von 11 Freunde

Besonderer Dank geht an alle abgebildeten Vereine:
SV 1951 Gaberndorf | TV Edigheim 1895 | SV 59 Fortuna Frankendorf
TSV Süderbrarup | SV Eintracht Wickerstedt | FSV Fortuna Hopfgarten
OSV Hannover | SV Blau-Weiß Schmiedehausen 1950
Rot-Weiß Bodelschwingh | Viktoria Beeck 1921 | BSC Aufbau Apolda
DJK Sparta Langenhagen | SV Stern Britz 1889 | TSV Ingeln-Oesselse
TuS Rot-Weiß Emden | SSV Blau-Gelb Mellingen/Taubach

Sprötauer SV | MTV Germania Barnten | SG Rössing/Barnten

TuS Halbemond | SG »Aue« Großbrembach | SV Empor Schenkenberg

SV Leipzig 1858 Ost | TSV Lichtenberg | TSV 1864 Magdala

SF Littel-Charlottendorf | SV Leezdorf | Berliner FC Meteor 1906

SV Lichtenberg 47 | SG Buna Halle-Neustadt | TSV Fortuna Salzgitter

SV Eintracht 1990 Bad Dürrenberg | Sportfreunde Mühlacker

FVGG 08 Mühlacker | ASC Neuenheim | KSV Amed Ludwigshafen

SV »Am Meisel« Großmonra | SC Eintracht 09 Großdeuben

SV Wilkenburg | SV Weser 08 Bremen | TuS Clausthal-Zellerfeld 1849

VfL Stenum | TDSV Kornwestheim | DJK Ludwigsburg

VfL Kaiserslautern | SG Eintracht Kaiserslautern | TSVgg Münster

SG Spergau | SG 07 Untertürkheim | SV Grün-Weiß Niedertrebra

FC Sängerstadt Finsterwalde | SV 1863 Dölzig | VfB Zwenkau

SV Eintracht Kosswig | FC Rettenberg | FC Teutonia Hausen

TSV Wolfskehlen | Saarbrücker SV | UFC Wacker 73 Saarbrücken

FSV Groß Kreutz | DJK Seifriedsberg | SV Groß Flottbek

SV Vahdet Hamburg | Juvendtude do Minho Hamburg

FC Neuenfelde | Dersimspor Hamburg | PSV Hannover | DSK Köln

SV Ostfrisia Moordorf | SV Eintracht Profen | SV Blau-Weiß Farnstädt

Sportfreunde Leubingen | SG Tergast/Oldersum | TSV Saxonia Hannover

Christian Werner, geboren 1980 in Weimar, ist ausgebildeter Werbefotograf und studierte Dokumentarfotografie in Hannover. Seinen Projekten widmet er sich meist mit einem sozialdokumentarischen Schwerpunkt. Er lebt und arbeitet in Leipzig.

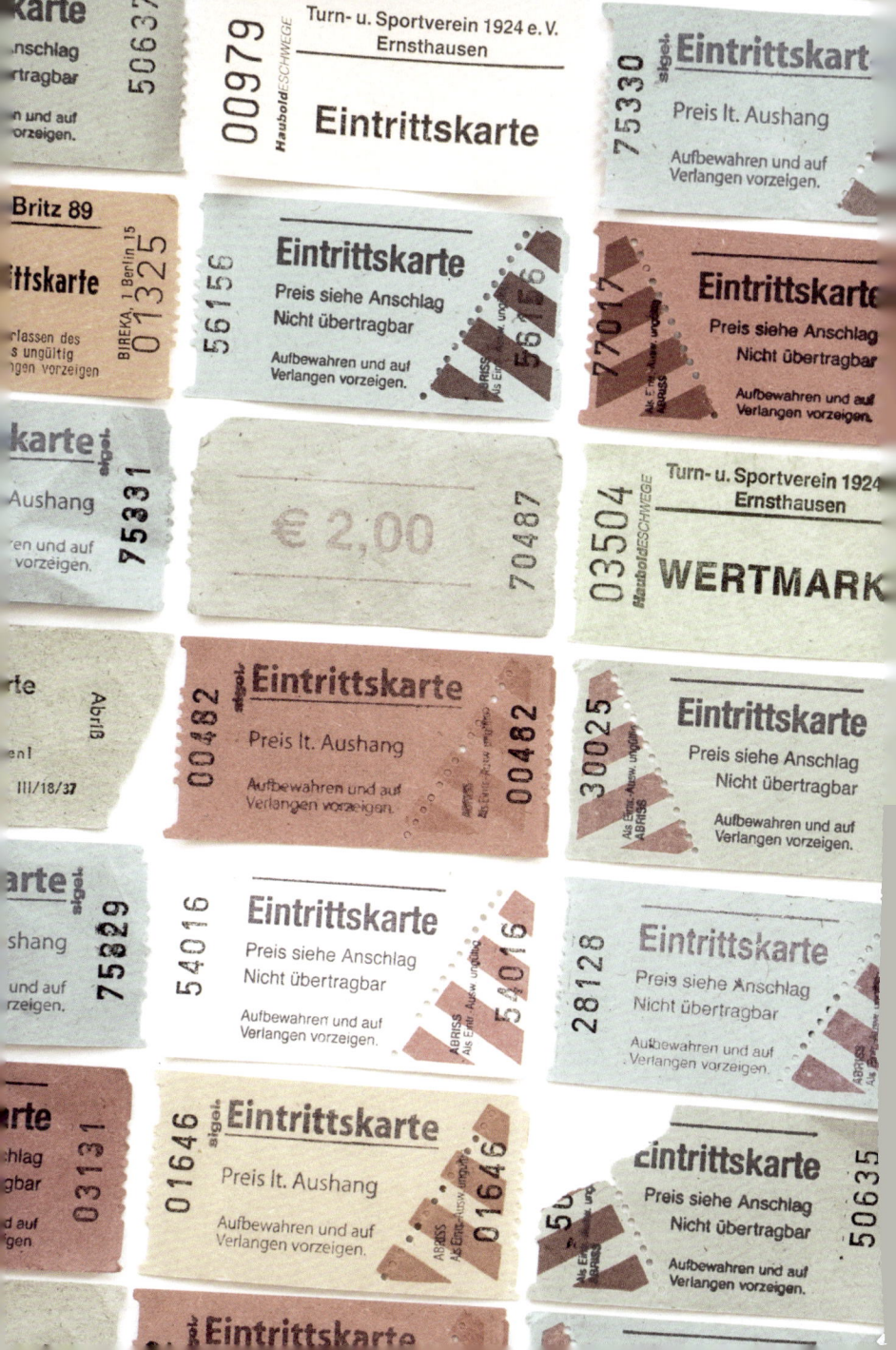

Edel Books
Ein Verlag der Edel Germany GmbH

Copyright © 2019 Edel Germany GmbH
Neumühlen 17 | 22763 Hamburg
www.edelbooks.com
3. Auflage 2019

Projektkoordination: Svetlana Romantschuk
Layout: Steffen Schlegelmilch | www.hitmilk.com
Umschlaggestaltung: Rothfos & Gabler, Hamburg
www.rothfos-gabler.de
Lithografie: Frische Grafik, Hamburg
Druck und Bindung: optimal media GmbH | Glienholzweg 7
17207 Röbel / Müritz

Alle Rechte vorbehalten. All rights reserved. Das Werk darf – auch teilweise –
nur mit Genehmigung des Verlages wiedergegeben werden.

Printed in Germany

ISBN 978-3-8419-0632-8

© Ira Schwindt

Frank Goosen hat als Autor von Romanen und Erzählungen einen besonderen Blick auf die Menschen und ihre Eigenarten. Er schreibt regelmäßig Kolumnen, u.a. für den *kicker*. Sein Fußballband *Weil Samstag ist* wurde zum Dauerbrenner. Frank Goosen lebt in Bochum.